A Crabtree Roots Book
Yon Liv Crabtree Rasin

Farm Animal Friends

Zannimo Pak Yo

COWS
BÈF

AMY CULLIFORD
JEAN-PIERRE GASTON

Crabtree Publishing
crabtreebooks.com

School-to-Home Support for Caregivers and Teachers

This book helps children grow by letting them practice reading. Here are a few guiding questions to help the reader with building his or her comprehension skills. Possible answers appear here in red.

Before Reading:

- What do I think this book is about?
    - *This book is about cows.*
    - *This book is about cows that live on farms.*
- What do I want to learn about this topic?
    - *I want to learn about all kinds of cows.*
    - *I want to learn what colors a cow can be.*

During Reading:

- I wonder why...
    - *I wonder why cows have spots.*
    - *I wonder why cows say moo.*
- What have I learned so far?
    - *I have learned that cows can be different colors.*
    - *I have learned that some cows can make milk.*

After Reading:

- What details did I learn about this topic?
    - *I have learned that cows can be brown.*
    - *I have learned that not all cows make milk.*
- Read the book again and look for the vocabulary words.
    - *I see the word **farm** on page 5 and the word **milk** on page 10. The other vocabulary words are found on page 14.*

Sipò Lekòl A Kay Pou Moun Kap Bay Swen Ak Pwofesè Yo

Liv sa a ede timoun yo grandi lespri yo nan kite yo pratike lekti. Men kèk kesyon kap ede lektè a bati konpreyansyon konpetans yo. Epons posib yo parèt an wouj.

Anvan Lekti:

- De kisa mwen panse liv sa ap pale?
    - *Liv sa a se sou bèf.*
    - *Liv sa a se sou bèf ki viv nan pak yo.*
- Kisa mwen vle aprann sou sijè sa?
    - *Mwen vle aprann sou tout kalite bèf.*
    - *Mwen vle aprann ki koulè yon bèf a ye.*

Pandan Lekti:

- Mwen mande poukisa...
    - *Mwen mande poukisa bèf gen tach.*
    - *Mwen mande poukisa bèf di mou.*
- Kisa mwen te aprann jiskaprezan?
    - *Mwen te aprann ke bèf ka gen koulè diferan.*
    - *Mwen te aprann ke gen bèf ki ka fè lèt.*

Aprè Lekti:

- Ki detay mwen te aprann sou sijè sa?
    - *Mwen te aprann ke bèf ka gen koulè mawon.*
    - *Mwen te aprann ke se pa tout bèf ki ka fè lèt.*
- Li liv la ankò epi chèche mo vokabilè yo.
    - *Mwen wè mo **pak** nan paj 5 ak mo **lèt** nan paj 10. Lòt mo vokabilè yo wap jwenn nan paj 14.*

This is a **cow**.

Sa se yon **bèf**.

These cows are on a **farm**.

Bèf sa yo nan yon **pak**.

Some cows are brown.

Gen bèf ki mawon.

4847

Some cows are black and white.

Gen bèf ki nwa
ak blan.

Some cows make **milk**.

Gen bèf ki fè **lèt**.

All cows can moo!

Tout bèf ka di mouu!

Word List

Sight Words

a
all
and
are
can
black
brown
is
make
on
some
these
this
white

Lis Pawòl

Mo timoun rekonèt lè yo fèk kòmanse li

ak
blan
fè
mawon
nwa
sa
se
tout
yo
yon

Words to Know

cow

farm

milk

Mo pouw Konnen

bèf

lèt

pak

28 Words

This is a **cow**.

These cows are on a **farm**.

Some cows are brown.

Some cows are black and white.

Some cows make **milk**.

All cows can moo!

30 mo

Sa se yon **bèf**.

Bèf sa yo nan yon **pak**.

Gen bèf ki mawon.

Gen bèf ki nwa ak blan.

Gen bèf ki fè **lèt**.

Tout bèf ka di mouu!

Farm Animal Friends

Zannimo Pak Yo

COWS BÈF

Written by/Ekri pa: Amy Culliford
Designed by/Ki fèt pa: Rhea Wallace
Series development/Devlopman seri a pa: James Earley
Proofreader/Korektè: Kathy Middleton
Educational consultant/Konsiltan edikasyon: Christina Lemke M.Ed.
Translated by/Tradui pa: Jean-Pierre Gaston

Photographs/foto:
Shutterstock: Clara Bastian: cover (tl); Sebastian Knight: cover (tr); Oligo22: cover (b); Anton Havelaar: p. 1; Clara Bastian: p. 3, 12, 14; Maxy Me: p. 4, 14; L.M. Dunn: p. 7; SGr: p. 8-9; RedTC: p. 11, 14

Crabtree Publishing

crabtreebooks.com 800-387-7650

Published in Canada
Pibliye nan Kanada
Crabtree Publishing
616 Welland Ave.
St. Catharines, Ontario
L2M 5V6

Published in the United Stat
Pibliye Ozetazini
Crabtree Publishing
347 Fifth Avenue,
Suite 1402-145
New York, NY, 10016

Paperback 978-1-0398-5067-5
Ebook (pdf) 978-1-0398-5109-2
Epub 978-1-0398-5151-1

Printed in Canada/082024/CP20240812

Library and Archives Canada Cataloguing in Publication
Available at the Library and Archives Canada

Library of Congress Cataloging-in-Publication Data
Available at the Library of Congress